LAS RAZAS E.T. EN LA TIERRA...

Los BE

Comprende esta realidad que ha modelado toda la vida de los humanos en el Or-be

Jorge Wilcke

1.ª edición

indice

Sobre la Historia

"La Historia es un conjunto de mentiras
sobre las que algunas personas han
decidido estar de acuerdo..."
Napoleón Bonaparte

La historia es una sarta de mentiras sobre
los eventos que nunca sucedieron dichas
por personas que no estaban allí...
George Santayana

El que no escriba la historia universal como
historia criminal se hace cómplice de ella
Karlheinz Deschner

Introducción
Parte del Cambio...

Queridos amigos bienvenidos a este libro

En las circunstancias que nos encontramos actualmente...donde ha comenzado una dura batalla por parte de la Luz buscando otorgar las libertades que en algunos períodos de la historia hemos disfrutado...es importante recibir la información respecto a los BE ...la raza que la mayoría absoluta de quienes leerán sincrónicamente este libro integran...

Entendemos especialmente importante transferir la información que te irá resonando en este y los sucesivos libros para comprender la realidad de cada una de las batallas que se están librando en estos momentos... de forma literal y metafóricamente subterránea...

Difícilmente podemos comprender los enfrentamientos que en todos los ámbitos de la vida se mantienen de forma solapada...ya sea en lo ... cultural... laboral... familiar... político... religioso... deportivo... sociológico... psicológico...y mucho mas...

Prácticamente no existe área de nuestras vidas que se encuentre exenta de la poderosa influencia de las razas... y las manipulaciones que los PA descritos en nuestro primer libro... llevan a cabo desde hace milenios sin que seamos racionalmente conscientes de ello...

El fantástico armado de la Matrix de los Pales...con miles de años de historia constructiva... en los que terminamos siendo simples integrantes de la "granja humana" productora de recursos para sus Satánicos Pares Principales...deberá ser revelado totalmente en los años venideros...

Ya esta sucediendo...lo comenzarás a ver diariamente en tu realidad en breve...

Tomando en cuenta que como versa nuestro libro precedente...la Batalla Final se ha adelantado 10 años y ya se encuentra en curso... no entraremos en prólogos de ningún tipo... que en este caso únicamente demorarían la llegada de la información a muchos de ustedes...que la han solicitado en nuestras charlas en vivo diariamente...

Como siempre decimos si estás leyendo este libro es porque sincrónicamente es adecuado para ti y estás... como permanentemente lo estamos...en el lugar y el momento perfecto de tu vida para ello...y para todo lo que ocurre en ellas...sea racionalmente de nuestro agrado o no...

La realidad es que nuestras sincronicidades en la vida...por lo pronto de quienes están más "conectados" con todo su ser...son generadas por nuestra propia conciencia para continuar su fantástico camino evolutivo...

De esta forma si diariamente efectúas un pequeño ejercicio de "conexión" con tu cuántico... recibirás... como lo explicamos en nuestro libro de Oponopono... la información o las sincronicidades adecuadas para continuar adelante en la vía rápida y acelerada con tu evolución...

No encontrarás en él estilo literario de ningún tipo y tampoco veneración por las "formas" de ninguna especie ya que entendemos que éstas son sobre todo una simple distracción del fondo que verdaderamente importa... disimulado en la matrix creada para ello especialmente...

Gran parte del presente tiene origen en conferencias brindadas por lo que encontrarás también que la forma de expresión esta adaptada para las mismas y no ha sido modificada para un "libro literario".....cosa que evidentemente no es.....

También encontrarás en el mismo como en otros de mi autoría… los puntos suspensivos… que brindan la oportunidad de una lectura "meditativa" del texto… dándole un cierto tiempo de conexión a nuestra conciencia… para recibir la información de validación que nos demuestra si lo que vamos leyendo… "resuena" con nuestra profunda conciencia y poderosa sabiduría actual en evolución…

♀

Las Tres Razas
Presentes en el Globo ...

En lo que refiere a los habitantes de nuestro palaneta tanto la etnología como la antropología están de acuerdo en distinguir tres grandes troncos raciales claramente diferenciados...

Como explicamos...en primera instancia surge la inclinación de muchos a diferenciar las características de las razas... separando sus peculiaridades fisiológicas o genéticas de las que espiritualmente tienen...

Como hemos explicado en "El Secreto de la Inmortalidad" esta diferenciación no es posible en la medida de que ambas peculiaridades vienen incluidas en nuestro ADN de forma inseparable...

Como mencionábamos...desde la antigüedad se distinguen en la etnología "oficial" de la tierra... tres troncos raciales muy diferenciados entre si...

• Raza negra

• Raza mongoloide o amarilla

• Raza caucásica o blanca

Habiendo analizado en nuestro libro anterior dedicado a los Ni y los Pa las características de las dos primeras ... entraremos de lleno en las peculiaridades de la raza caucásica...blanca...nórdica o BE de la que seguramente formas parte...sincrónicamente...

Te irás dando cuenta que en contraposición con las otras dos razas...que la nuestra tiene peculiaridades en lo que la las áreas geográficas habitadas se refiere...optando generalmente por zonas más frías o más altas que las otras dos...

Si alguien tenía alguna duda de que el esclavista dominio de los pa de cerebro izquierdo que ha reinado por milenios en la tierra está por terminar...estas dudas debieron esfumarse al ver la presentación de la Bandera de la Fuerza Espacial en la Casa Blanca (y no roja) el pasado 15 de mayo...

En dicha presentación el Presidente Trump dió lugar al General a cargo de la mencionada fuerza para que presentara esta "importante ...bandera" a los 72 años de la Fuerza Aérea (7+2= 9 El fin de un ciclo...con todos los honores)...según el Presidente en un "Gran Día..."

A solicitud del Presidente... el General explica:

"El Delta en el medio es un símbolo que la comunidad espacial ha utilizado por años...años y años...

La **Estrella del Norte...significa nuestros valores fundamentales y nuestra Luz Guía..."**...

NOTAS

El Fin del Mundo...
La Batalla Final...

El Ragnarök para los Nórdicos...

La historia nórdica es la faceta mejor preservada de la antigua crónica común a todos los pueblos germanos y escandinavos...

Pese a las influencias que el catolicismo de los Pa ejerció durante la cristianización aplicada especialmente por los daneses... en lo que a la tergiversación de la historia se refiere...se ha conservado buena parte de la información del pasado de los pueblos Be del norte de Europa...

Debe incluirse en la recopilación de información a este respecto la procedente de los pueblos germanoescandinavos que se asentaron en luminosos períodos de alternancia con los Pa en Galia...Britania e Hispana...dando lugar a poblaciones históricamente antagónicas con los dominadores generales... como los Escoceses...parte de los irlandeses y muchos más...

Podrás "sentir" con claridad la profundidad en las diferencias de las razas cuándo te comentamos que desde el punto de vista de la descodificación biológica...los Escoceses son los únicos habitantes del globo que generan cáncer de piel en la planta de los pies...que engrosando la misma... los mantiene "mas alejados"... de la tierra pisoteada por los Ingleses...

La verdadera y profunda historia de los nórdicos era transmitida oralmente en forma de una fantástica y larga poesía...que no se interrumpió... pese a la cristianización forzada de la población...

Hasta hoy se han mantenido las poderosas creencias en el folklore profundo de las áreas rurales más tradicionales...resistiendo la cristianización que no tuvo una duración superior a los 150 o 200 años...

Sin lugar a dudas...analizándolas con la óptica Evemerista... que comentábamos en el anterior libro sobre los NI y los PA... encontramos espectaculares paralelismos entre el Crepúsculo de los Dioses del hinduismo... el Ragnarök nórdico... el fin de los Tiempos de los Mayas... el fin del Kaliyuga Indio y lo que nos encontramos viviendo en nuestra convulsionada actualidad...

Especialmente señalada como una Era de oscuridad...la terminada en 2012 era denominada en la India como el Kaliyuga o la Era de Kali...signada por la hipocresía y la lucha entre los hombres que destaca en sus escrituras...

Kaliyuga del sánscrito कलियुग...kaliyuga...que significa literalmente la Era de Kali (el demonio de Kali)... hace honor al significado dc Kali entendido como "el lado perdedor del dado o el marcado con el uno" con el que todos pierden siempre...

Afectos al uso de la imagen de ganar - ganar en nuestras explicaciones...el Kaliyuga es la viva imagen del perder - perder dónde nadie gana en ningún caso sin importar las efímeras victorias...

Recordamos que el evemerismo...proveniente de Evémero de Mesina...nacido en el 330 AC...que postulaba que los Dioses no eran más que importantísimos personajes históricos que debido a su trascendencia habían adquirido el "rótulo" de deidades en lo que algunos desacreditan como Mitología...

Debemos puntualizar que:

Como mencionábamos en el libro sobre los PA... tanto en las sagas como en la poesía de los fabulosos guerreros poetas escaldos...Loki...el principal representante de los PA en esta mitología...junto a sus despiadadas criaturas Midgard y Fenrir atacarán a los Dioses "apareciendo" como vencedores en la historia predictiva...

Recordamos que Loki el "origen de todo engaño sobre la tierra" proveniente de las Tierras Australes del Sur y vinculado al Fuego...avanza en la historia nórdica cometiendo fraudes y engaños malévolos tendientes a ser victorioso en el inevitable Fin de los Tiempos o Fin del Mundo...el Ragnarok...

Como mencionábamos con fantásticos paralelismos con el Crepúsculo de los Dioses del hinduismo... el Ragnarok... comprendido como el "destino final de los Dioses o gobernantes"... es la batalla final en la que se enfrenta Odín liderando a los Dioses æsir... los principales del Asgard nórdico con los gigantes de Fuego (de las Australes Tierras del Fuego de la

Patagonia) liderados por Surt a los que se les unen los jotun liderados por Loki...

Como explicamos anteriormente en nuestras charlas la palabra *Ragnarök* consta de dos partes constitutivas siendo la primera...*ragna* es el plural de *regin...que se traduce como poderes gobernantes o dioses...*al tiempo que *rök* significa..."el destino"... de estos...y los pueblos...

Esta claro que etimológicamente ragna...*regin...y rök* proceden de una misma raíz idoeuropea que significa gobernar...llevar adelante (reg o rag) que ya encontraremos más adelante en la forma de *reig...* que significa agarrar una oportunidad estirando la mano...o destino final...

Por otro lado es importante tener en cuenta que en esta apocalíptica predicción de los destinos...los Dioses...si bien no tienen potestades de evitar el Ragnarök... conocen por medio de la "profecía" lo que va a suceder en esta batalla...

En la historia nórdica los "Dioses" no tienen la necesidad de ser "inmortales" ya que el concepto de Inmortalidad del Alma esta presente para todos sin exclusión...humanos y gobernantes o dioses si así se los quiere denominar por su importancia...

Podrás encontrar la demostración práctica de la inmortalidad de tu alma y la de tus familiares en el libro "el Secreto de la Inmortalidad" que se encuentra en Amazon junto a éste...

 Loki y sus funestas criaturas se enfrentarán a los dioses y parecerán los vencedores...

Sobre el final el lobo Fenrir abre su hocico gigante para engullir el mundo todo... cuándo aparece Vidar... "el hijo silencioso de Odín"...a vengar la muerte de su padre... provocada por esta monstruosa alimaña...

Dios del silencio y la justicia...Vidar esta predestinado a regresar vivo del Ragnarök con su hermano...

Pone un pie en la mandíbula inferior del monstruo y su brazo izquierdo en la superior desgarrando la poderosa mandíbula y asestándole el golpe final con su espada...

Gracias a el... un nuevo mundo verde de justicia surgirá emergiendo del mar de azules colores... en dónde crecerán cereales de todo tipo... en los lugares que nunca pudieron ser sembrados anteriormente...

Balder...segundo hijo de Odín...Dios de la Paz...La Luz...y El Perdón que había muerto debido al engaño de Loki antes del Ragnarök...emergerá del infierno para pasar a vivir en los aposentos de su padre Odín... en el Valhalla que está en los cielos...

Debido a él la justicia reinará sobre toda la tierra desde ese momento en adelante...

NOTAS

Cosmología Nórdica
El Arbol y el águila

Sin lugar a dudas la cosmología nórdica incluye un poderoso componente simbólico en el que se representan las diferencias espirituales de las principales razas del globo...

Muchos autores interpretan esto como "dualidad" intentando darle la visión que los Pa han mantenido de la existencia en todos sus dominios sin lograrlo totalmente...

El día y la noche presentan aparentes contrapartidas de dualidad en la visión de cerebro izquierdo de las simbolizaciones de Dagr y su madre Nott...dioses del día y la noche...que cabalgan en sendos corceles

blanco y negro...Skinfax y   Hrimfax...de iguales características...todo a lo largo del día...
No se trata de dualidad sino de bahuvrihi del sánscrito...बहुव्रीहि, *bahuvrīhi*, que significa un tipo de compuesto que muestra a un referente especificando una cualidad o característica que éste posea...

"Skinfaxi" y Hrimfaxi" que significan de brillante melena y de escarcha melena...son ejemplos perfectos de bahuvrihis en el sofisticado lenguaje del nórdico antiguo...

Otro ejemplo que aplicaría especialmente a los Be sería el de pelirrojo...que no refiere al pelo y al rojo sino a alguien con el pelo color rojizo...

De igual manera con la luna que es masculina y el sol que es femenino...ambos se mencionan en diferentes textos como hijos de un mismo padre y hermanos...sin darle un lugar destacado a ninguno de los dos en contraposición con los Pa...

En el relato nórdico el mundo está representado como un disco plano situado en las ramas del árbol del mundo conocido como Yaggdrasil...que en ellas contenía los nueve mundos habitados...

El dragón llamado Nidhogg (recuerda que en el anterior libro te mencionamos que el dragón es símbolo de los Pa) que habitando en las raíces del árbol del mundo...roía permanentemente las raíces de Yaggadrasil intentando derribarlo...

Entenderás mucho en cuánto te cuente que el "árbol" es en realidad por esto un símbolo principal de los Be...origen de la palabra arbeol o árbol...que muchas mujeres llevan en su cuello como el "árbol de la vida"...

Toma nota de que la finalidad del dragón siempre era tumbar el árbol del mundo para derribar al águila Be en su rama más alta...

Este dragón roía las raíces para tumbar el árbol con una poderosa águila (símbolo principal Be) que vigilaba los nueve mundos desde la rama más alta del mismo...

Ratatösk era en dicho árbol una ardilla que corría permanentemente desde las raíces a la copa...llevando noticias del dragón al águila y viceversa... que son de compleja interpretación para ambos...debido a sus realidades...

Aquí tienes un perfecto ejemplo de como la ciencia al mejor estilo confucio...confunde los términos y nombres para crear la sensación de unión entre estas razas en todos los aspectos...llamando a la rata común como *Rattus norvegicus* también denominada rata china por su origen geográfico...

Tendrás claro en futuros libros la razón por la que te digo... al mejor estilo Confucio...

Localizada en el centro del disco estaba la región alta del cielo o Æsir *gard*...Asgard como el lugar donde vivían los dioses ...al que únicamente podía llegarse caminando por el arco iris ardiente o puente Bifröst que une el Midgard...mundo de los hombres con el Asgard...reino de los Dioses...

Tal vez te ha quedado claro... que muy posiblemente se quiso representar metafóricamente con el Bifröst ...las cualidades de la brillante y colorida pero también efímera conexión...existente entre el hombre y los Dioses...(antarkarana en el hinduismo)

Como en todas las civilizaciones este "puente" también estaba custodiado por el vigilante dios llamado Heimdal...quien residía en la unión de mismo con la bóveda celestial...

Los gigantes Jötun vivían en Jötunheim que literalmente es el "mundo de los Jötun"...

Había también una profunda morada de la diosa Hela hija de Loki...donde se encontraba su reinado del inframundo o el Helheim que inmediatamente vincularás con el inglés Hell...que significa infierno...

Otra fría y oscura morada se denominaba Niflheim que literalmente significa el hogar de la niebla perpetua...reino de la oscuridad y las tinieblas ... domicilio permanente del dragón Niohöggr que luego del Ragnarök deberá dejar de roer las raíces del fresno perenne Yggdrasil para pasar a atormentar a las almas que habiten el mundo...

Te queda claro...que el dragón de los Pa deberá luego de la batalla final...contentarse con "atormentar" en sus posibilidades a las Almas del Mundo... en lugar de roer los cimientos del mismo?

Te habrá sonado parecido Niflheim...a Nefilim...o Nephilim...hebreo...הַנְּפִלִים... que eran según el relato bíblico del génesis 6:1-4 una legendaria raza de gigantes híbridos surgidos como resultado de la unión antinatural entre ángeles malévolos o demonios y las mujeres humanas... que habrían existido antes del "diluvio" en el que se habían extinguido...

De acuerdo a la Edda prosaica era este el lugar de la residencia de la mayoría de los muertos que estaba situado al sur del ardiente (tierra del fuego) reino de Muspelheim...el hogar de los gigantes de fuego...

Otros reinos complementarios destacables en la cosmología eran el Svartalfaheim o el mundo de los elfos oscuros y el Alfheim...residencia de los elfos de Luz...Recuerdas la serie Alf...un extraterrestre bueno y divertido...bueno Alf...heim...literal...mundo de Alf...

NOTAS

El Poderoso Odín...
"Dios" previo al Ragnarök

Cuentan que desde la residencia de Valaskjálf en el Asgard... Odín podía tener a su vista todo lo que sucedía en los nueve mundos que componían la cosmología nórdica...

Como siempre sucede...pues la construyen los "vencedores"... como decía Napoleon... la historia nórdica ha sido vilipendiada y modificada por todos los actores posteriores...para deformar el fondo de la misma...

Como en todo el globo...la historia ha sido "construida" y su relato ha minimizado las cualidades y acciones de los Be...resaltando las de los Pa...violentos dominadores de la humanidad por milenios...

Aquí tienes una prueba de como se va cambiando la historia para adaptarla a quienes pagan por esa modificación en todos los ámbitos...de manera casi imperceptible...

Aquí te presentamos una imagen de Odín en la que aparece en un antiguo manuscrito islandés que tuvimos oportunidad de ver y el Odín falso y tergiversado de Georg Von Rosen al que se le ha cambiado el ojo dejado en la fuente de la sabiduría...

Von Rosen cambia el ojo que Odin ha dejado en la fuente de la sabiduría del derecho...comandado por el cerebro "izquierdo" de los pa al izquierdo...comandado por el cerebro derecho de los Be...

Fantástica tergiversación de la realidad!!
Como muchos "Dioses" en las historias planetarias...Odin resigna el uso de su ojo derecho...el

que proporciona la visión "racional" y de cerebro izquierdo de los Pa a con la finalidad de ganar sabiduría...

Cuentan que a los efectos e acrecentar su sabiduría...Odín se puso en peligro...disfrazado de un caminante apodado Vegtamr... al dirigirse al Pozo de Mimir...cercano a la tierra de los gigantes...

Para permitirle beber del pozo...Mimir...el vigilante del mismo...le pidió que sacrificara su ojo derecho...como símbolo de su voluntad de obtener el conocimiento "verdadero"...

Cuentan que mientras bebía vio todo lo que sucedía a los hombres con total claridad...identificando las razones del sufrimiento y la "necesidad" de que eso ocurriera...

A esta altura de este relato es conveniente insertar una experiencia personal totalmente habitual en nuestras descodificaciones biológicas que te hará comprensible parte de esto...

Tiempo atrás...teniendo clara la "lateralidad" reinante en nuestro organismo...muy visible y transparente en la descodificación...comencé a utilizar el auricular izquierdo solamente para escuchar determinadas "lecturas" que quería incorporar a mi conocimiento...

Por otro lado un tiempo después comencé a tener casi permanentemente tapado con cera el oido derecho... mientras era consciente que en un ámbito de mi existencia... presenciaba diariamente discusiones que me "dolían" en varios aspectos...

Es absolutamente claro...si te duele...tapa totalmente tu oido derecho para no tener la versión racional de aquellas discusiones sino una mas "afectiva" con tu oído izquierdo...el más sabio y profundo...el mismo con el que pretendía incorporar la sabiduría...

Ahora...mucho tiempo después...me encuentro con estos perfectos ejemplos de lo que yo he hecho por largo tiempo en mi vida...consciente e inconscientemente...

Pero esto no termina aquí...

Para que tengas la visión completa te contamos que previo a Odín existía un poderoso "Dios" guerrero de nombre Tyr que literalmente significa "dios" o en caso de su otro nombre Hangatyr o el "dios colgado" como otro de los nombres por los que se conocía a Odín...

Cuentan que en cierto momento Tyr fue rebasado en su autoridad y renombre por Odín... comenzando a darse una "transferencia" de la supremacía de uno a otro en ese sentido...

A Tyr como dios supremo de la guerra de los Godos se le hacían sacrificios en su honor de los cautivos que los godos tomaban en batalla...colgándolos de los arboles...un uso totalmente Pa de los prisioneros...

Odín en cambio se sacrificó el mismo colgándose del Yggdrasil durante nueve días y nueve noches para aprender el "arte de las runas" y la adivinación...

Cuenta la compilación de historias del Edda...que en cierto momento los dioses decidieron encadenar al lobo monstruoso Fenrisulfr o Fenrir...pero la bestia infernal rompía cada una de las cadenas que le colocaban...

Finalmente ordenaron que los especialistas en forja y tecnología...los dvergar o enanos... asociados a lo subterráneo y la muerte...fabricaran una cinta mágica llamada Gleipnir de materiales especiales e indestructibles ... como las raíces de las montañas...

Cuentan que Fenrir presintió el engaño de los dioses y rechazó permanecer amarrado con esta cinta a menos que uno de ellos... pusiera su mano en su boca como señal de buena fe...

Tyr, muy conocido por su enorme valor accedió...y los otros dioses amarraron al lobo Fenrir...que sintiendo que lo habían engañado... mordió la mano del dios...

Así pierde Tyr su mano derecha transformándose en un Dios zurdo...que deberá "comandar sus acciones"...en la vida con su cerebro "derecho"...

Simbólicamente el "dios" antecesor de Odín...Tyr "pierde" conscientemente su mano derecha con la que ejecuta sus acciones y luego Odín también... conscientemente sacrifica su ojo derecho para tener una visión más sabia de la vida...

Odín también llamado como el gran sabio...quien intuye y dice la verdad...sacerdote antiguo o el conocedor de lo antiguo...se consideraba uno de los "dioses" mas antiguos...como creador de los nueve mundos y el hombre...

Considerado un gran poeta con conocimiento de la magia y los misterios de los nueve mundos...sabe sobre sus orígenes y también sobre el destino de estos...cada uno de los hombres y el Universo todo...

El poder espiritual que caracteriza a Odín no solo se manifiesta en sus sabias enseñanzas sino que también se ve reflejado en las composiciones literarias...siendo por esto que también es considerado el dios de los poetas...

Se dice que hablaba siempre en verso...haciendo uso de ese poder "sobrenatural" muy cercano a la magia que la poesía en su improvisación tiene... reflejando la capacidad de "predicción" que las personas tienen...del futuro...

Se cuenta que fue él quien inició el arte de la poesía en todo el Norte del continente Europeo...

Según relata Hávamál... uno de los poemas de la Edda poética que propone fantásticas reglas para vivir con sabiduría...el joven Odín trabajó como ayudante en la granja del Baugi durante el verano...para conseguir la hidromiel de la poesía...

El dios trabajó en la granja hasta que supo dónde se encontraba la hidromiel...luego de lo cual sedujo a una joven mujer para que le permitiese beber un sorbo y cuando por fin tuvo acceso a la hidromiel...la bebió transformándose en águila y escapando...

Cuentan que las gotas de hidromiel que cayeron desde el águila a la tierra... le brindaron a todos los hombres la habilidad del canto...

En la saga de Bárðr, escrita en el siglo XIII se lo describe como un jinete tuerto con un ancho sombrero y una capa azul...el color principal de los Be...

En otros textos en cambio se lo describe con un sombrero viejo... abrigo azul oscuro... en algunos casos con una vara o bastón como un caminante...

Caminante que transita por los caminos del mundo por lo que se lo denomina también como el Vegtamr o "caminante" o "conocedor del camino"...

Odín se transforma en el "dios de los viajeros que surcan todos los caminos de mundo" debido a que se desplazaba por ellos como un peregrino... ocultando totalmente su aspecto real... y su verdadera naturaleza para "ver la realidad con su ojo izquierdo"...y aprender de ella...

Otras veces es llamado como Gestr...(bien parecido a Guest no crees?...invitado o huésped en inglés)...lo que significa literalmente huésped...ya que en sus viajes pedía alojamiento en casas de todo tipo para "ver" todas las realidades...

Cuentan que en el pasado...en la mayoría de los casos debido a esto... los caminantes que solicitaban hospitalidad eran recibidos... por temor a que se tratase del "dios" oculto bajo alguna de sus tantas apariencias de aprendizaje...

Dicen que con el nombre del Grímnir se presentó en el **pal**acio del rey Geirrøðr, que sospechando de él lo torturó cruelmente manteniéndolo encadenado...

Luego de soportar sus torturas... Odín se mostró como quien en realidad era...y el Rey corrió asustado a liberarlo pero tropezó con su espada y murió atravesado por ella...de dónde se deduce que el "dios" no ordena la muerte ni el "destino" de nadie... sino que lo "crean" los hombres con sus propias acciones...

Te puedo decir con propiedad que no hay nada que nos suceda en nuestras vidas...que de una u otra forma...consciente o subconscientemente...no sea creado por nosotros mismos con nuestro accionar...tal cual lo describe esta parábola...

Cuentan que Odín como dios guerrero...cosa que obviamente era "necesaria" antes del Ragnarök que provoca su "muerte"...montaba su corcel Sleipnir...que simbolizando a los 8 vientos... se describía como el mejor de los caballos...que lo llevaba por tierra...aire y mar... de un lado del horizonte al otro...incluyendo a la "tierra de los muertos"...

Blandía su lanza fantástica Gungnir...cuyo significado literal es terremoto o violento temblor...también fabricada por los enanos dvergar hijos de Invald...

La lanza simboliza sin duda la fuerza y el poder de Odín...es representada por la runa Tiwaz que tiene relación con el "dios" Tyr que te mencionábamos páginas atrás...también representado con una lanza pero significativamente más "carnicero"...

Runa Tiwaz

Cuando Odín pone la lanza en manos de un guerrero, es que vela por él en todo aspecto y dirige sus acciones de valor en la vida...
Odín se hirió con ella y de esta forma se consagró él mismo al cielo... pero también se decía que esta lanza

"especial y poderosa" no podía jamás fallar... o perder la **señal** de su dueño...te queda claro lo que era??...

Como dios encargado de parte de la guerra...Odín se encargaba de enviar a las valquirias que estaban a su orden...a recoger a todos los guerreros "profesionales" y heroicos muertos en batalla... los que se sientan a su lado en el Valhalla donde los agasaja con **ban**quetes...

Al fin de los tiempos Odín guiará a los dioses y a estos hombres contra las fuerzas del caos... en la batalla del Ragnarök del fin del mundo...

Los otros muertos en batalla son recogidos por la "diosa" Freyja...(que figura siempre rodeada de niños) y descrita como la diosa del amor...la fertilidad...y la belleza...a la que se invocaba para tener buenas y productivas estaciones o partos...

Freyja custodia de los caídos en batalla...recibe en el Fólkvangr a la mitad de los espíritus de los guerreros muertos en la guerra... que no han dedicado su vida a misma...

Los recibidos por Odín son en definitiva los profesionales... que han dedicado su vida a las artes de la guerra y por tanto son los combatientes de la ofensiva en la batalla...

Los guerreros de Freyja en cambio son "los de defensa" , o aquellos que solo luchan para **proteger** a sus familias, clanes o bienes...

Hay diferencias enormes en la visión de las sociedades cosa que algunos historiadores han dejado muy claro...estudiando las armas depositadas en las tumbas de los caídos en los diferentes países...

Demostraron que generalmente los sepulcros de Noruega contenían guerreros con escudos defensivos... mientras que en los de Dinamarca contenían armas de ataque...

Observa las diferencias... Por eso Dinamarca fue utilizada por la iglesia... para arrasar militarmente con Noruega... que actuaba siempre de forma defensiva...

No te extrañará que el Presidente Trump en una de sus alocuciones dijera..."tendríamos que tener muchos mas noruegos en Estados Unidos..."...ni que la oscuridad haya tratado de corromper totalmente ese país con negocios petroleros en el Mar del Norte...

NOTAS

El Sabio y Justo Baldur...

"Dios" posterior al Ragnarök

Después de la destrucción de la guerra en sus últimas expresiones... una tierra nueva emergerá del mar... con Berde en todos lados... cubierta de la justicia antes ausente...

El Sol reaparecerá nuevamente ya que antes de ser tragada por el poderoso Sköll (que era el lobo que perseguía a los caballos Arvak y Alsvid que tiraban del carro de la diosa Sol todo el día) ella habrá dado a luz una virgen nueva hija que recorrerá el camino de su madre en el Nuevo Cielo...

Baldur y su hermano...muertos antes del Ragnarök emergerán del inframundo y se ubicarán en los antiguos alojamientos de su padre Odín en el Valhalla que está en los cielos...

Allí y en todos lados... los dioses vivirán en la paz entre ellos y con los demás en lugares que nunca serán fríos... dónde las almas de buena voluntad y virtuosa existencia se encontrarán....

Luego de la destrucción de la oscuridad la maldad y la miseria previas no existirán más... los dioses y los hombres vivirán juntos en paz y armonía...

Encontrarás que el previo sabio Dios del Perdón... la Paz y la Luz... reinará en adelante una Nueva Tierra que estará en la "Luz que El representa" ... luego de un "Fin del Mundo"... que igual que el Maya... no es más que una total renovación de quienes lo habitan... en lo que al nivel de consciencia se refiere...

Baldur ha sido comparado muchas veces con varios Dioses de otras mitologías... que comparten su muerte y resurrección... como Jesús o más bien Iezus...y no Cristo que es un invento de los Pa... del que te hablaremos en futuros libros...

NOTAS

La Conexión de Hugin y Munin

Muestra de la Sabiduría de los Nórdicos Be...

Dice la Edda poética Grímnismál en su estrofa estrofa 20 lo siguiente

Hugin y Munin
vuelan todos los días
alrededor del mundo
temo menos por Hugin
de que no regrese,
aún más temo por Munin

Desde los tempranos siglos 4...5... y 6 se encuentran en toda Inglaterra... Rusia y por supuesto escandinavia fantásticas representaciones antropomórficas donde aparece la figura de Odín... siempre a caballo... equipado con su lanza y acompañado por dos aves que se identifican como Hugin y Munin...

En la historia nórdica **Hugin** y **Munin**... son dos cuervos permanentemente asociados con el dios Odín que le acompañan en todas sus acciones...

En realidad se trata de un águila y un cuervo que en la mayoría de las historias ha sido tergiversado por la iglesia del **Pa**dre como suelen hacer...cambiándolo a "dos cuervos"...

Hugin y Munin se "desplazaban por todo el mundo" recogiendo "información" para Odín...

Hugin está asociado al Pensamiento mientras su colega Munin representa a la "memoria"...

Al amanecer Odín "enviaba" a sus dos compañeros a recorrer el mundo para levantar la información necesaria para mantener al Dios al tanto de todo... de dónde regresaban en la tarde...

Al llegar se posaban en los hombros del dios y susurraban a sus oídos todo aquello de importancia para su "Dios"...

Bracteatos de oro (medallas de uso ornamental) y plata... moldes de fundición... y las propias armaduras en algunos casos... refieren a los dos inseparables compañeros del Dios en todas sus acciones...

Broches de hierro muestran dos aves de origen germánico en las que la parte posterior de cada pájaro... esta simbólicamente ocupada con una máscara de Odín...

Como siempre en la historia falsa... los "investigadores" sacan conclusiones falsas o se les "pasan" las cosas informado lo incorrecto...

Como Odín... déjate "informar" por tu intuición y sabiduría profunda sobre todo...en lo que debes interpretar ... para que tu entendimiento sea el adecuado en cada instante...

Te introduciremos por un segundo en la gramática cuántica...otra de las enormes manipulaciones del "lenguaje" de la torre de babel... para que nuestro ser profundo nada "entienda" de lo que estamos hablando...

In-vestigador viene del falso latín creado para confundir y "obligatorio" en la educación unos años atrás... investigare ...y vestigium...

Pero el Latín fue "inventado" para "distraer la atención del español de los Pa" en su último imperio...

En la realidad procede de vestigio en español la lengua primigenia de los Pa que venían de Hispanie... que significa huella o señal del pie en la tierra...

Memoria o noticia de las acciones de los antiguos que se observa para la imitación y el ejemplo. Ruina... señal o resto... que queda de algo material o inmaterial. Indicio por donde se infiere la verdad de algo o se sigue la averiguación de ello....

La palabra que usamos... In-Vestigar es como su prefijo lo indica... NO "Vestigar" o No "Vestigio"...

El prefijo IN es un prefijo negativo que expresa el valor contrario a la palabra que acompaña... inofensivo...in-útil... in-consciente o indica la ausencia de una acción ... in-comprensión...

Pero dejemos la gramática cuántica por un rato y continuemos con Odín y sus aves... águila y cuervo en la mayoría de los casos...

Como verás a continuación en muchas imágenes y en esta de un casco de batalla... queda claro por el pico de una de las aves... igual al casco de Odín que se trata de un águila... en el caso de la que va delante del "Dios"... En la batalla lo precede el poder del águila Be... que se "adelanta al Dios en sus pensamientos"...

Con su lanza in-vencible se enfrenta a la **v**íbora Pa (reptiliana)...la misma que en México se encuentra presa de las "armas"... "garras" de águila Be... o el reptiliano dragón que San Jorge mata con su lanza...posiblemente una de las razones "subconscientes" por la que estoy escribiendo todo esto... "en mi propia batalla contra el dragón" Pa...

Podemos deducir la "capacidad" de Odín para enviar su pensamiento o su consciencia en un "viaje" de trance o conexión con todo su potencial divino...

Si has leído "El Secreto de la Inmortalidad" y "Oponopono" entenderás a la perfección de que te estamos hablando en este momento... pues refiere a la poderosa conexión con tu cuántico... que te provee de las experiencias ancestrales de tu ser... para uso y evolución en la actualidad...

Busca en la "memoria de Munin" que no se encuentra en nuestro "cuerpo físico" y lo conjuga con la realidad de su pensamiento actual "Hugin" para decidir sus acciones en la vida...

De hecho encontraras que en la hermosa Islandia... de la que mucho aprendí en mi viaje por ella... "Munnin" significa literalmente "tu boca"...

En alemán **boca** es **mund** y en noruego obviamente es **munn**... comprende el mensaje de Munin como "el que tu boca o una boca sabia de la memoria... o de tu cuántico... te susurra al oído" cuando te es necesaria la información para tu realidad actual...

En islandés... idioma "principal y origen" de la mayoría de las construcciones gramaticales escandinavas... **hug** es literalmente **mente** mientras en las otras lenguas escandinavas y el alemán tiene la misma traducción...abrazo...

El sufijo in en todos estos idiomas se traduce como **en**

No estaría muy lejos de la realidad en las lenguas nórdicas decir que **hugin** es lo que esta **"en mente"** literalmente... y que te abraza en el presente... refiriéndose a la protección y cobertura que tus pensamientos dan a tu presente y a tu Ser todo en su evolución constante...

Los in-vestigadores no "ven" estas simples relaciones y brindan una historia torpe y falsa de las cosas siempre... pues han estado bajo la influencia y manutención... de los Pa de cerebro izquierdo...

Esto es sabiduría elegante avanzada y profunda aún para nuestra época... en la que con nuestros libros creemos que logramos explicarlo para ustedes...

Debe quedarnos muy claro que "el recuerdo" es sinónimo de la historia de la persona singular en lo que a su Alma Inmortal refiere... por tanto la suma de sus experiencias... de la familia... la tribu y en un sentido mas amplio aún... su raza...

Sin este recuerdo cuántico ... que puedes comprender en profundidad en nuestro libro sobre Oponopono... (una fantástica técnica hawaiana para "manejar" esos profundos pero "vívidos" recuerdos)...el individuo y su entorno no tienen el saber básico y necesario sobre su propia o colectiva identidad...

De trascendente importancia... esas memorias son las que provocan el 95 % de los "problemas" y las "enfermedades" que tenemos en esta vida... el vehículo de evolución y perfeccionamiento de esas memorias y nuestro "Ser" todo...

La perdida de ese "recuerdo" es igual a la perdida de la identidad... y por tanto la depresión ... los problemas psiquiátricos y muchísimo más... sumamente claro en la descodificación cuántica que realizamos...

También es importante comprender que el pensamiento se sirve del recuerdo como base para nuevos raciocinios... por tanto... si el individuo esta privado de su identidad y/o historia no puede crear con su "mente"... **nueva-mente** ya que no tiene un punto de referencia para ello.

El Cuervo

Es un pájaro que es muy conocido en toda Europa... Améric del Norte y parte de Asia. Es un pájaro muy grande con un pico muy fuerte y un plumaje profundamente negro y brillante. Los cuervos buscan pareja para toda su vida... saben utilizar herramientas ... tienen una memoria excelente y si has lidiado con ellos... te habrás dado cuenta que les gusta jugar desafiando a los humanos...

De su inteligencia derivan las fábulas infantiles que refieren al "zorro y el cuervo" comparando sus astucia e inteligencia...

Por su plumaje negro... (igual al de los Kures pa o Curas... también vestidos de negro... y en su origen dedicados a los "trabajos mortuorios") y su cántico sombrío ... siempre se le ha relacionado con el submundo y la muerte...

Recuerdo que a un fantástico personaje de mi infancia... el Hno. Ángel... que ya les he mencionado...(el profesor de origen español del idioma... que me enseñara que en España la V se llama uve y no B corta)... en nuestros primeros años... "director de nariz puntiaguda... morocho y con sotana"... le decíamos "El Cuervo"...

Se le identifica como carroñero... debido a que en los siglos pasados siempre se le pudo encontrar en los campos de batalla y en montes fúnebres... "para darse un festín"...

Debido a esto en el pasado... su presencia era básicamente ligada con la muerte... llamándole aún en algunos lugares "pájaro de muerte"...

El cuervo era muy venerado en su calidad de mensajero de la muerte... ya que oficiaba de mediador entre los vivos y los espíritus...

Se te va aclarando la imagen?

Se les "atribuye el poder" de explorar los misterios secretos del otro mundo... por lo tanto no es de extrañar que el Dios... chamán... maestro y mago Odín tiene un cuervo como su "ayudante"...

En la imagen que te mostramos lo sigue de "atrás"... simbólicamente para todos "el pasado"... igual que el origen de "las memorias"... que el cuervo debe "susurrar" al oído...

Este rol tradicional del cuervo se remonta por los siglos...donde adivinos... brujas... magos... y gitanos mantenían cuervos como ayudantes o marca imprescindible... para que todos "entendieran subconscientemente" el origen de su sabiduría...

Cuando un cuervo planeaba encima de un guerrero... significaba buena suerte en la batalla...

Entiendes el concepto?...

La sabiduría de su cuántico... de sus ancestros... lo acompañaba... presagiando su éxito y supervivencia...

Aunque en las creencias para la iglesia "**pa**ganas" el cuervo esta relacionado con la muerte y la resurrección... te recuerdo que los verdaderos **pa**ganos están verdaderamente en las religiones solares... tergiversando como siempre ellos las cosas al adjudicarle a su adversarios sus cualidades...

La cristianización... movió esta creencia de la muerte y resurrección en dirección al infierno...

De esta forma el cuervo paso a ser acompañante del diablo... a las "brujas" quemadas por la inquisición les gustaba convertirse en cuervos... o bien se trataba de almas de personas que han tenido una vida llena de "pecados"...

Recuerdo que la primera vez que me lo contaron... me resonó como "adecuado y li**be**rador" que en Alemania hubieran cremado a mi abuela paterna a su fallecimiento... pese a que esto estaba en contradicción con el "uso" de la iglesia y de mi "otra familia" en Uruguay... del enterramiento...
Todas las civilizaciones indo-europeas tienen la seguridad que a continuación de la muerte viene la "resurrección" de la forma que te explicamos en nuestro libro de "El Secreto de la Inmortalidad"...y por tanto el cuerpo físico debe cremarse como hacen los induístas y también los **Be**-King-gos...(hijos del Rey Dios Be) en paio Vikingos...

Siempre recuerdo en una de mis visitas a Madrid que estando en la Puerta del Sol... símbolo Pa por excelencia... pero que contiene el Oso y el Madroño ... principal símbolo Be en España...una gitana que pasaba cerca mío al oírme hablar español   me dijo..."ven Paio que te adivino la suerte"...

Los gitanos son los antes "egiptanos"... habitantes pa del antiguo Egipto... expulsados por rechazar a los jefes **pares** del mismo... y obligados a permanecer "herrantes o nómades" de allí en adelante en un mundo pale...

Los Caucásicos Nórdicos o Be...

Hijos de las Tres Marías...

Se cuenta que la raza que llegara a la Tierra en segundo lugar...explicada en nuestro anterior libro de las Razas E.T. presentes en la Tierra...los Pales...Pan o Pa...habían estado en guerra con otra raza aún más poderosa...los Eduen...en la tierra llamada Bele ... Ele... Edu ... Nórdica o caucásica...

El Señor de los Cielos y "Dios" de esta poderosa raza... al ganar la guerra contra los Pa en la que estuvieran embarcados por un tiempo considerable...les impuso un Tratado de Paz en el que se dividía la Galaxia que nos contiene en dos partes...una para cada raza en la disputa...Los Eduen y los Pales...

Respetando el uso mayoritario del cerebro que las razas tenían...asignaron el hemisferio derecho de la galaxia a los Edu y el hemisferio izquierdo a los Pales...

La Tierra pertenecía al hemisferio asignado a los Edu pero los Pales... violando el tratado de Paz existente... al ver que la tierra no estaba habitada por los Edu sino por los Nigerianos... decidieron desembarcar en ella...

De acuerdo a esto enviaron una nave a colonizarla de la forma que te mencionamos en nuestro anterior libro sobre los Pa...

Esta acción en contra del Tratado de Paz que limitaba su participación en los globos de la Galaxia hizo que el "Dios" de los Edu...enviara a la Tierra al "Dios Segundo" o el Dios Be...como significa en Elengoa la Lengua Divina el 2...

Este "Dios Be" quien antes de venir gobernaba sobre los Globos Eliseo...como Zar o Rey de los Ele... es de quien toman el nombre los Be de esta tierra...

El Rey de los Ele viajó a la tierra solamente con las princesas **María...Marta** y **Margot**...con la específica misión de "crear la raza blanca en la Tierra" en ese entonces llamada Nigeriani...

Estas tres mujeres blancas son aquellas conocidas como las tres Marías o las tres Xurides en elengoa que significa "blancas"...

En la historia terrestre se le han dado muchos nombres como las Cariátides o Kariátides...las Helenas... las Tres Gracias...las Keries...o las Belkeries...las queridas del Be... de donde vienen las Balkirias o Balquirias ... Valquirias ... o Valkirias en nordico antiguo valkyrja... de las que te hablábamos solo minutos atrás....

En la historia nórdica estaban vinculadas con las **tres nornas** ...que manejaban los tapices y los hilos de la **vida y el destino** de cada persona en la tierra al igual que las **tres moiras** para los griegos...las **tres parcas** para los romanos...

Laimas en la mitología báltica...asociadas con el **nacimiento de los niños**... el casamiento y la muerte...también la **patronas del embarazo**...

Todas blancas y/o con túnicas blancas en sus representaciones... todo a lo largo del globo...

Seguramente conoces a algunas Marias...o Moiras... que pretenden manejar... tal cual ellas deben hacerlo... los hilos del "destino" de otras personas...

Sus funciones eran idénticas a la diosa hindú Lakshmi...obviamente..."consorte" eterna del Dios Vishnu...de la India...y representada generalmente junto al Dios..."volando" en el águila Garuda...

Te suena??

En otros casos se la ve representada sentada sobre una flor de loto...loto sagrado o loto indio... sosteniendo una flor de el a cada lado...las que son famosas por sus "semillas" que pueden "germinar después de diez siglos"...

Te resuena lógico teniendo clara la función de las Marias...? de poblar la tierra... que sus "semillas" puedan "germinar diez siglos después"...

En Egipto milenario como el ave fénix...los lotos simbolizaban el renacimiento o la resurrección... debido a que emergen desde las profundidades brillando en la superficie...

Como me comentaban en Bombay...el loto es llamado padma en sánscrito de la India... con igual significado que en Egipto pero empoderándolo con el simbolismo de que los principales "Dioses"...nacieron en lotos o padmas...

Es muy fuerte...y toda esta simbología está allí... a la vista de todos... en todos lados...

Normalmente se las ha representado en la tierra a muchas de ellas con alas... en la medida de que vinieron "del cielo"...unos 13.000 años atrás...y unos 4 o 5 mil años luego que los Pa...

Llegaron desde El globo Edén o el Bal Edén... por lo que hoy seguimos llamando Edén al origen de la humanidad blanca...

Arriban a lo que hoy es Mexico en lo que llamaron Americ...que en la lengua divina significa "el contacto final"...

Entenderás con claridad los esfuerzos interminables de la "oscuridad" para corromper permanentemente y por cualquier medio (drogas...tráfico de personas...corrupción estatal y gubernamental... dinero...etc...) un hermoso país como Méjico...pues la oscuridad trata de tener bajo control los lugares "simbólicos" de los Be...

Tienes claro que la bandera de Mexico tiene un águila Be... que lleva la víbora Pa en sus garras...

Más adelante entenderás mucho más en cuanto comprendas a dónde se desplazaron las Marías y la ruta de sus vidas...

Obviamente de los **Ele** bastante mas tarde vendrán los Helenos... los griegos...y Hellas ... el nombre de la actual Grecia...

De igual manera **el len**guaje viene de **elen**goa la lengua de los **Ele**...o la por nosotros también conocida como la "lengua divina..." sobre la que hablaremos en próximos libros...

Pero volviendo al viaje de las Marías es importante recalcar que durante el mismo...debido a un accidente con su nave... falleció el Dios Be... Dios Segundo o Zar de los Ele...

A los efectos de no invalidar totalmente la finalidad de su viaje...las tres Xúrides conservan el semen del Dios Be para poder iniciar la raza blanca en la Tierra...

De esta forma María por "inseminación artificial" concebirá al Be...Be... el segundo Be... el considerado pequeño Be... denominación que todavía utilizamos en el globo...**el bebé**...

Será su hijo **Iezus...** que quiere decir literalmente "creado sin el auxilio de un varón"...

María es "La Dama" o A-dama como figura simbólicamente en muchos lugares con la connotación de "gran señora" que conlleva...

Obviamente hoy "confundimos" ...gracias a toda la "programación" que tenemos...con Adam...Adán...

Pero debes tener claro que el "semen del Be" es la "propiedad" del Be o Eube...en lengua divina... que hoy "confundimos" como Eva...también con la **v** de los pa...

Tendrás claro que no hay "**pa**dre" de la humanidad sino una "madre" de la misma...progenitora de Iezus... **el** primer hombre blanco nacido "en esta tierra" antes Nigeriani...

De allí la importancia del vocablo EL...que luego se lo hizo "provenir" de un Latín inventado para disimular la relevancia de este artículo totalmente determinante pues refiere a los **Ele** y el Zar de los Ele...de dónde provino... El...

Por eso notarás que todos los nombres de los ángeles que no son otra cosa que "mensajeros de El Dios" y referidos totalmente a El... terminan sus nombres siempre en El...como el propio nombre griego Angel lo indica ya que significa... "mensajero"...

Como te mencionábamos... los Be llamaron a esta tierra Uni**be**rse que significa... "es una extremidad del **Be"**... o de otras formas como Or-**Be**... Glo-**Be**... **Bal**-on..."globo" terráqueo... como es usual decir...

De igual forma las principales denominaciones que utilizamos como...**hombre...**"que viene de Un-**Be**re" como también se los denomina a los Be...puesto que los demás son humanos de otros tipos...

Como lo explicamos en el "Secreto de la Inmortalidad"... entenderás la forma en que el Espíritu del "Dios Be"... entra en el cuerpo de Iezus.... con las memorias de sus antecesores ancestralmente hablando... y las de María...

Esto lo entendemos como que Iezus recibe "El Espíritu Santo"...reproduciéndose luego con las tres Marías para poblar la tierra... lo que te hará entender la creación del concepto religioso de "consanguinidad" con la connotación falsa de que del él... proceden personas "defectuosas"...

Concepción muy difundida en la edad media por la iglesia para evitar la consanguinidad de las familias reales... algo que si leíste nuestro libro referido a la Inmortalidad... entenderás las hacía invencibles...

Poderosas frente a la iglesia..."indivisibles por sus lazos cuánticos aplicados a la perfección con los nombres y fechas de sus ancestros" ... las hacía invulnerables a la aplicación del conocido "divide y reinarás"...que todavía hoy se usa...

Los hijos de María serán los Edu... Bedu... Beduin... Eduen o Edetan... en general pelirrojos... lo que también te permitirá comprender la permanente batalla entre los Ingleses Pa... en la historia conocidos como "casacas rojas" contra los "escoceses o irlandeses pelirrojos" com banderas azules...

Podrás referirte a películas como Corazón Valiente de Mel Gibson o Outlander con sus protagonistas pelirrojos... en diferentes épocas de la dominación de los Pa en las tierras de las islas británicas...

Los de Marta serán los Be rubios... razón por lo que a Trump le dicen burlonamente el "rubiales" y por la que infinidad de mujeres con pelo oscuro se lo tiñen de "rubio" para "parecer mas cercanas" a los Be...más refinados y elevados en consciencia...

Los hijos de Margot serán los Ban blancos y de pelo negro en general...

Todo va evolucionando en la historia de la tierra y Iezus originará mucho mas tarde en la misma... al nombre griego que conocemos como Zeus... que luego derivara en... Dios ... o Teo de dónde viene Teología obviamente...según su definición académica para que te quede claro totalmente...

"Ciencia que trata sobre Dios y sobre el conocimiento que el hombre tiene de **Él**...mediante la fe o la razón" literalmente...

Entenderás con claridad todo lo que hemos estado tratando si te digo que con ese término... también se designa a los "Dioses" en el idioma náhuatl mexicano... nāhuatlahtōlli... en la propia lengua

Deriva de nāhua-tl...literalmente un "sonido claro o agradable" y tlahtōl-li que significa lengua o lenguaje...

Con la expansión de esta Cultura durante los primeros siglos... el náhuatl comenzó su rápida difusión extendiéndose por la costa del Pacífico y pasando por encima de otras lenguas mesoamericanas... hasta convertirse en lengua franca de buena parte de la zona mesoamericana...y luego la lengua de "prestigio" en esta región...

Te recordamos que una lengua franca es un idioma "adoptado" de forma realmente tácita... para el entendimiento común entre personas que "no tienen la misma lengua materna..."

Comprenderás casi automáticamente el ensañamiento de los españoles con esta cultura de paz siempre denostada... adjudicándoles las historias sangrientas de "sacrificios"... que como verás en estos días venideros... los Pa de cerebro izquierdo...realizaron por 18 milenios en la Tierra...

Toma nota de que 18 es numerológicamente el 9...el "fin de un ciclo"...

Ya está terminando esta era de barbarie y dominación!!

NOTAS

Iezus...Jesús...

El Be Be...el Cordero de Dios y "Eldourado"...

Se te aclararán las cosas al comprender que Iezus también será llamado Yaveh... que viene en realidad de Jabé que significa literalmente **El** amo de los **Be**... luego modificado con la v como te explicamos...

Los Be fundan la fabulosa ciudad de "El Dorado" en la realidad... **El**dourado... obviamente la misma de la que permanecería el recuerdo hasta la mismísima "conquista de la Americ" por parte de los Pa... Es**pa**ñoles... (que como mencionamos en el libro anterior en la realidad eran His**pan**ioles en la medida de que provenían de Hispanie)...

Lógicamente nunca pudo encontrarse la **ber**dadera Eldourado... en la medida de que hoy se encuentra totalmente bajo el océano... debido al cataclismo que todos "olvidaron" en los milenios...pero que como verás en los siguientes libros sobre el... lo tenemos subconscientemente muy presente...

Como es lógico... durante los siguientes siglos de evolución los Be van ocupando las tierras y parajes que no están todavía ocupados por los Pan... que como te mencionábamos antes tienen predilección por las áreas costeras... cálidas y bajas cercanas al mar...
Los pa elegían las zonas costeras debido a que el interior de los continentes se encontraba cubierto de una frondosa pero impenetrable vegetación que dificultaba su uso...

Adicionalmente... amantes de la costa... tienen también a las **pa**lmeras como uno de sus símbolos que refieren a ella... y que incansablemente crecen hacia el sol... sin tener hojas en su parte inferior que compartir con otros seres...

Los Be en cambio... adoradores de la cultura pacífica y la obra del "creador"... valoran especialmente la vegetación frondosa... las selvas y bosques... así como el frío...

Seguramente debido a eso entre otras cosas que se explicarán en un libro posterior... adoptarán el **Ber**de (literalmente de los Be o Ber) como uno de sus colores principales...

Reverenciando la **be**getación... y el **ber**de como lo mencionamos en la historia nórdica... adoptarán como símbolo principal el Ar**be**ol que en elengoa es Ar-Be-Ol...literalmente antiguo o viejo origen del **Be**... (ar..arcaico o árabe viejo Be ol... del old...etc...)

De igual forma que los Hipani-ol-es son los que antiguamente tienen origen en el planeta Hipanie... sin ninguna duda...

Ar**be**ol que como explicamos... muchas mujeres usan en su pecho... mostrando orgullosas su poderoso y espiritual origen **Be**... (el árbeol de la vida)

Sumamente claro en mi antigua lengua materna... el francés (anterior a las dominaciones de los pa)... en el que arbre (árbol) viene directamente de ar-bere o literalmente "el fundamento o las raíces del Be"...

Esa es la razón por la que muchos de nosotros nos sentimos muy bien con muebles de ro-**be**-le (roble) uno de principales los símbolos de los be...

Se reproduce con **be**-llotas... siendo uno de los más "nobles" y valorados ár-**be**-les (àrboles) que existen en la tierra...

Como te explicábamos en la historia nórdica... otro de los poderosos símbolos Be es el águila... y por supuesto el caballo...ca-**be**-lle...

Me reforzaba esta realidad en marzo... cuándo al asumir un gobierno de la luz en Uruguay... la gente del interior del país se desplazó a caballo a homenajear a su nuevo y joven Presidente en su asunción...

Más de 3000 caballos y sus jinetes se desplazaron desde lejanas tierras... en algunos casos a mas de 500 km de Montevideo... para este homenaje "poderoso"... de los Be del país...al cambio hacia la Luz...

Los canales de televisión vinculados a la "oscuridad" apenas cubrieron el hecho... siempre hablando de "algunos caballos"... mientras votantes de la oscuridad pasaban cerca de los mismos... profiriendo insultos a los caballos y sus jinetes... que representan la Libertad... y el esforzado trabajo de la gente del campo **be**rde...

De igual forma vimos a Odín en su corcel enfrentando a la Serpiente o Ser-**pa**-en o a San Jorge a caballo enfrentando al dragón Pa...

Otro de los poderosos símbolos Be es el Be-cerro o el Go-at en ingles... ca-bar-a (cabra) que se dice **Be** en elengoa por el sonido que hace al balar... be - be-...

Ahora tal vez entiendas la expresión que nunca entendí... en mi formación de colegio religioso de... "El Cordero de Dios"...que obviamente representa al Be Be... o Be 2... Be Segundo... Hijo de María... Iezus...be-be como balan los corderos...

Pero todo aquello que aprendí en la formación religiosa... que por suerte la recibí en los "Hermanos Maristas"... comienzo a ver totalmente lógico que Iezus haya "nacido" en **Be**lén... igual que el planeta de origen del Dios Be... Baledén...alumbrado entre dos "corderos" be y be...

Te va quedando claro...como me ha quedado a mi...??

Obviamente esto ha sido manipulado a mas no poder por los pa para enturbiar su visión clara por nuestra parte... pero de todos modos quedan los restos que nos muestran claramente el camino para seguir comprendiendo la manipulación efectuada por los antes de hoy... dueños del **pa**laneta...

Esta claro que Iezus es el hijo de Dios que para los Be de la tierra se abrevió de su nombre original mas largo en Gott... God... Go...en los idiomas germánicos... por lo que entenderás con claridad que los grandes reyes Be son King-Go que se traduce como la "energía y carne de Dios"...los Vikingos para los pa...

Como ves en España los reyes Pa son Rey pues están vinculados a los Ray-os del Sol... denominándose en otras latitudes como ya mencionamos **Pah-ra**-ón...o Mendón de donde viene obviamente la palabra mandón...en es-**pa**-ñol...

NOTAS

Fisonomía de los Be...

La Raza Espiritualmente Elevada ...

Como su etimología verdadera lo indica... la palabra fisonomía viene del **be**rdadero griego y refiere claramente a physiognómon entendido como el que sabe juzgar la naturaleza de una persona por su fisonomía... que a su vez está compuesto de phýsis "naturaleza" y gnómon "conocedor" de esa naturaleza en su fondo...

Como comentamos anteriormente y los restos del Cromagnon nos muestran... los Be eran muy altos... cercanos a los dos metros mientras los Pa eran bajos y cabezones en general...

Estas particularidades fisonómicas tienen que ver con la conformación multidimensional de los planetas de origen... es decir... con su gravedad y características atmosféricas... que requerían desarrollos físicos acordes a ellas...

Quedan claras estas particularidades en algunas tradiciones hispanas poderosas... que muy especialmente se preocupan los Pa de la actualidad... en mantener vivas y fomentar a toda costa...

Este es el caso de Carnaval... tema en el que no entraremos ahora en profundidad... pero que contiene también las tradiciones de "los gigantes y los cabezudos"... dónde queda claro que los primeros son los "nobles" y los segundos los que se dedican exclusivamente a molestar a todos los presentes...

Como decíamos anteriormente... la mayoría de los pueblos Be han sido denostados por las "historias y cuentos chinos" de los pa... siempre tergiversadores de la realidad por naturaleza... recuerda sobre Loki... "el origen de todo engaño sobre la Tierra"...

Los vencedores hasta ahora los han presentado siempre como asesinos salvajes... otorgándoles a ellos todas las características propias... de las que tendrás muchas noticias a futuro... cuándo comience a salir a la luz todo lo referente a la trata de personas y niños en el **pa**laneta desde hace miles de años... donde "desaparecen" decenas de millones de niños y personas y nadie dice nada...

Inclusive en Uruguay en estos días... junio de 2020 se están realizando arrestos... vinculados a los secuestros y la pedofilia... como nunca se habían efectuado...

NOTAS

El Gran Engaño de los Pa...ganos

Los Be-King-Go... Godos Bárbaros... y Bándalos entre otros...

Como siempre decimos... y sincrónicamente mucha gente coherente lo esta diciendo ahora también... debes pensar que todo lo que se te ha enseñado en la escuela es una gran mentira desde el principio al final... intentando mantenerte prisionero de esta fabulosa matrix...

Muchos como el productor de esa película... nos habían intentado "advertir" en la teoría sobre esta "falsa realidad"... pero siempre incluyendo engaños fuertes también para que se les permitiera realizarlas por parte de los pa...

Es así que dicha película ya parte del poderosísimo engaño de la píldoras...en cuya opción casualmente la "roja" de los pa es la "buena" que te mostrará la realidad y la "azul" de los be la que te permitirá permanecer engañado...justo inverso a la "berdad"...

Si la premisa es falsa... difícilmente las conclusiones sean las adecuadas o **be**rdaderas...

De igual forma se ha actuado con la historia siempre manipulada como nos mostraba Napoleón con su famosa frase respecto a ella...

Vemos permanentemente esta tergiversación en la actualidad dónde quienes tenemos unos años podemos "ver" como se destruye la "historia" por parte de la oscuridad o cerebro izquierdo...

En Uruguay o Argentina por ejemplo...luego de 15 o 20 años de "gobierno oscuro" los jóvenes no saben que existió un hermoso país antes... pensando que la desastrosa realidad de hoy es una mejora respecto a lo que había antes... como se plasma para inculcarlo en los libros de texto de la enseñanza...

Mediante una narrativa siempre falsa... se va desfigurando la realidad de manera que la berdad sea totalmente irreconocible... sin importar que tan fuerte te estrelles contra ella...

Teníamos aquí un lamentable presidente que para justificar sus continuos cambios de posición en la construcción de la narrativa falsa que mencionamos decía... "como te digo una cosa te digo la otra"... el mismo discurso que el presidente de España usa hoy... unos años después...

Los Bándalos...Los **Ban**

Los **Bán**dalos sangrientos que atacaban a los romanos... Los poderosos Ban...pueblo nórdico germano de Europa y las regiones ribereñas del Báltico... en las actuales Alemania y Polonia...

Los **God**os (los de Dios)

Los Godos... un pueblo germánico oriental que tenía su propio nombre proveniente del Got o Go... pueblo del "Dios" y que provenían de una vasta región incluyendo **Göt**aland o Gotia... tierra de Got...hoy God...peleaban bajo el símbolo del águila Be en todas sus batallas...

Los godos hablaban el **gót**ico...que se considera actualmente extinto pero que por "casualidad"... se habló en partes de Crimea y Ucrania... por parte de los Godos de Crimea... la comunidad **gót**ica que mas perduró...

Ya verás más adelante en otros libros que Crimea y Ucrania siempre estuvieron en el medio de la tormenta y "nadie sabe por que ha sido"...

Inclusive los Vencedores de la segunda guerra mundial se fueron a Crimea para "firmar la Paz" que aparentemente... nunca fue firmada...

Al día de hoy siguen las luchas permanentes vinculadas a Ucrania y Crimea...

Los **Berbere**

Se ha probado históricamente que la poderosa caballería... (siempre a caballo)... de los Ber-Be-re...

para el relato de los Pa... los Bárbaros... terminó con toda la "poderosa" organización militar romana de la época...

*Los Ara**Bes***

Tardíamente en el tiempo los "cristianos" serán invadidos por los árabes ara-be..."de la tierra del Be" que entraron en España con sus **Ban**-deras **Ber**-des que en la historia oficial saquearon la **pan**-ínsula pero donde hoy se encuentran las mayores riquezas culturales y arquitectónicas de España...

Siempre se pintaron los árabes como un pueblo belicoso y atrasado cuándo en la realidad muchos de los adelantos de Europa en materia arquitectónica... matemática... lingüística y mucho mas... proceden de sus culturas...

La propia bandera de Aland aluz era de dos franjas **be**rdes con una blanca en medio... opuesta a la de España con rojos y amarillo...

Los **Be**-King-Go

En la versión pa los vikingos... que como está en el subtítulo significa literalmente la "Energía carne del Dios Be" también procedentes extrañamente del mismo lugar que los Godos... la actual Escandinavia... las principales tierras **Be** de Euro**pa**...

Encontraremos lógicamente en escandinavia actual a **Nor-Be**re ahora Noruega... **Sbere** luego Svere... Suecia...de donde venían según los "pa del relato oficial" con sus cascos con cuernos...

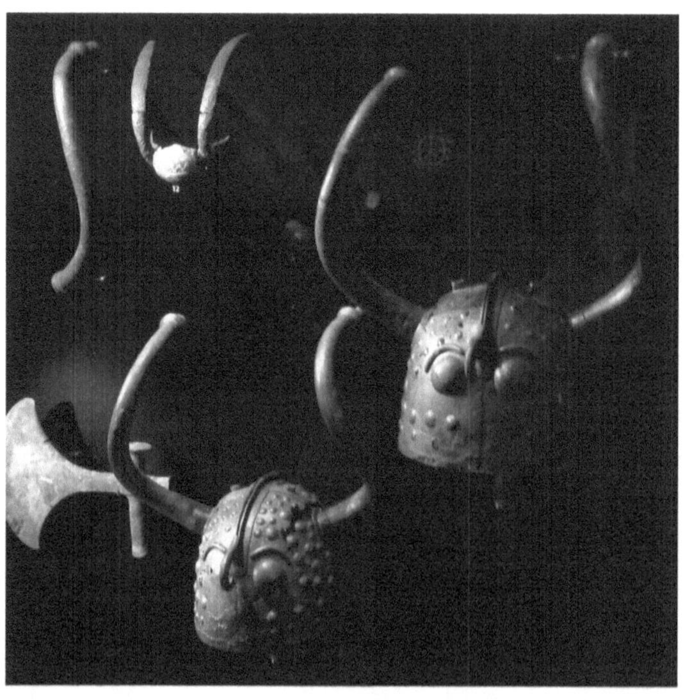

Como me explicaron en Noruega... los Be-King-Go (vikingos) nórdicos siempre tuvieron cascos con alas... poderoso símbolo del águila Be...

En algunas batallas del siglo 19 sustituyeron las alas por cuernos de los toros pa...a los efectos de humillarlos durante las mismas...

Los pa en cambio toda la vida tuvieron sus armaduras con cuernos de toro... como los he visto... de la antigua China y Japón...

NOTAS

Gracias Gracias Gracias

Namaste

De considerarlo conveniente...te rogamos compartir este libro y sus secretos con las personas a quienes pueda serle de utilidad para sanar sus convulsionadas existencias o simplemente para obtener una Paz mas Profunda en las mismas....

Namaste

Jorge Wilcke

https://www.facebook.com/jwilcke

https:/www.facebook.com/wilckej/

https://plus.google.com/u/0/+JorgeWilcke

@jorgewilcke

jorge.wilcke@biodeco.net

WApp Consultas: +59895006391

Jorge Wilcke

Otros Libros del Autor a tu disposición:

EL SECRETO DE LA INMORTALIDAD

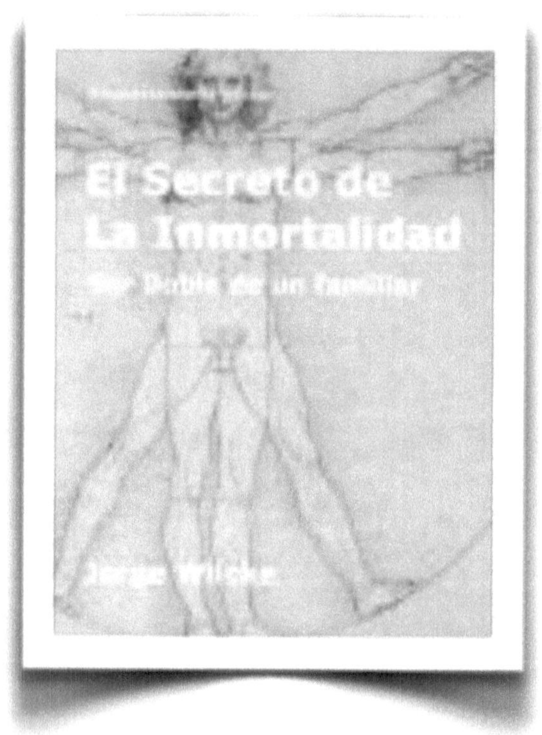

<u>https://www.amazon.com/dp/B07372W9WT</u>

https://www.amazon.com/dp/B07374ZHTZ

https://www.amazon.com/dp/B07N36VVXQ

https://www.amazon.com/dp/B07Q4LS43W

TRATADO SOBRE
DESCODIFICACIÓN
"ENFERMEDADES"

TOMO I MULTIMEDIA - LAS 1-7
"primeras a descodificar"

Jorge Wilcke

CURSOS DE SANACIÓN HUMANA
PROFESIONAL - CLASES 1 A 33

https://www.amazon.com/dp/B07W8CWHP4

Y SUBSIGUIENTES...

https://www.amazon.com/dp/B08B1SD1HR

RAZAS E.T. EN LA TIERRA: NIS Y PALES